Histoires

d'animaux de la mer à lire avec papa et maman

Auteur : Raffaella
Illustrations de Marine Cazaux et Laure Fournier

FLEURUS

Quel animal étrange !

« Quel est donc ce bruit ? » se demande Martin Dauphin. Qui peut bien se lamenter ainsi ? Martin regarde autour de lui et aperçoit un... Un quoi d'ailleurs ? Quel est donc cet animal étrange ? Il est gros, gris et rond, et a l'air très doux. Mais il pleure si tristement !

« Pourquoi pleures-tu ainsi ? demande Martin...
et qui es-tu donc ?
– Je ne sais pas, sanglote l'animal, je me suis perdu...
– Ne t'inquiète pas, lui dit Martin, on va retrouver ta maman. Elle doit te ressembler, en beaucoup plus grand... Penses-tu qu'elle puisse être grande, vraiment très très grande ? »
Le petit hoche la tête avec un peu d'espoir.
« Alors, lui dit Martin, ta maman est sûrement la baleine !
– Pas du tout, dit la baleine, il est trop petit pour être un baleineau ! Mais gris et rond comme ça, c'est peut-être bien un morse…
– Mais non, répond le morse, tu vois bien qu'il n'a pas l'ombre d'une défense. Ce pourrait être un phoque… »

« Pas le moins du monde, leur dit le phoque, car mes petits sont couverts de doux poils blancs... Il est joueur et amical, es-tu certain que ce n'est pas un dauphin ? »

Martin sait bien que ce n'est pas un dauphin... Mais s'il est joueur, c'est probablement une otarie !

« Peut-être bien, dit l'otarie, même s'il me semble un peu gros... Il faudra beaucoup de poissons pour nourrir ce petit…
– Beurk ! Je ne mange pas de poisson, fait le drôle d'animal, seulement des plantes !
– Alors tu n'es pas une otarie, lui dit Martin. Et si tu n'es pas non plus une baleine, ni un morse, ni un phoque, ni bien sûr un dauphin… je ne vois vraiment pas ce que tu peux être. »

Désespérant de trouver sa maman, le petit tout triste recommence à pleurer.
Mais, soudain, une plainte encore plus forte lui répond.
Les deux compagnons nagent vite, très vite, en direction du bruit…

C'est alors qu'ils rencontrent une magnifique bête grise, qui se dirige doucement dans leur direction.
« Évidemment, lui dit Martin, comment n'y ai-je pas pensé, tu es forcément un lamantin ! »
Mais le petit est déjà blotti dans les bras de sa maman, pour un gros câlin de lamantins.

Toupetit

Toupetit est un tout petit poisson. Tous ses frères sont bien plus grands que lui.
Bien sûr, Toupetit n'est pas son véritable nom.
Mais il est si petit que tout le monde l'appelle ainsi.
Alors il est habitué et n'y fait plus attention… Enfin, quand c'est dit avec affection…

Malheureusement parfois, on se moque de lui. Les grands ne sont pas toujours gentils. Bien souvent ses frères partent sans l'attendre et s'en vont jouer sans lui. Alors il leur dit :
« S'il vous plaît, attendez-moi, soyez gentils ! »

Mais pour jouer à cache-cache, ils ne veulent pas de lui. Il est bien trop difficile à trouver avec toutes ses petites cachettes. Et s'ils ont une balle, ils ne veulent pas la lui passer, car il n'est pas de taille à la rattraper. Toupetit est vraiment trop petit !

Alors que Maman demande un jour à ses frères de l'attendre, le plus grand lui dit :
« S'il te plaît Maman, ne nous oblige pas à emmener Toupetit. Il va encore falloir l'attendre, et puis on risque de le perdre…
– Ne discutez pas mes jeunes amis, répond Maman. Vous prenez Toupetit ou vous restez tous ici ! »
Embêtés mais résignés, les grands emmènent le petit… Mais, à peine sortis du nid, ils sont pris dans un filet.

Il ne leur était peut-être pas destiné, mais ils y sont bel et bien coincés !
« S'il avait été comme toujours à la traîne, Toupetit aurait pu aller chercher de l'aide... », se plaignent les plus grands.

Mais Toupetit est déjà sorti ! Aucune maille n'est assez fine pour l'empêcher de passer… « N'ayez pas peur mes frères, je vais vous aider ! »

Les grands seraient bien tentés de se moquer, mais ils n'ont pas le cœur à rire.

« Fais vite Toupetit, le pêcheur va remonter le filet ! »

Toupetit n'est déjà plus là. Il a filé, aussi vite que ses nageoires peuvent le pousser.
Et c'est avec l'espadon qu'il est revenu. D'un grand coup de dents, ce dernier a tranché le filet.

Les grands, délivrés, font une ronde autour du petit poisson…

Et c'est en héros qu'ils le ramènent à la maison !

Petit Poulpe et Baleineau

Petit Poulpe et Baleineau sont très amis. Malheureusement leurs parents ne s'aiment pas du tout.

« Ne joue pas avec ce lourdaud, dit Monsieur Poulpe, il pourrait t'entraîner vers les grands fonds ! »

« Ne t'amuse plus avec ce poulpe, dit Madame Baleine, il va te faire mal avec ses tentacules ! »

C'est bien dommage, car Petit Poulpe et Baleineau s'entendent vraiment bien. Ils adorent jouer ensemble à trampo-poulpe ou saute-baleine. Et le jeu qu'ils préfèrent, c'est « les explorateurs ».

Mais alors qu'ils sont toujours d'accord, ils se disputent parfois au sujet de leurs parents.
« Ma maman c'est la plus forte, dit Baleineau, c'est le plus grand de tous les animaux !
– Non ! C'est papa le plus fort, dit Petit Poulpe, avec ses tentacules, il peut emprisonner qui il veut !
– Si maman s'assied sur lui elle en fera de la purée !
– Papa la bloquera, en lui ventousant le nez ! »

Mais comme ce sont de vrais amis, la discussion est vite oubliée et ils recommencent à jouer.

Un jour, Petit Poulpe et Baleineau partent en exploration. Mais au fond d'une grotte, ils tombent nez à nez sur la murène ! Elle n'est pas commode et leur crie :
« Je vais vous manger !
– Au secours ! Au secours ! » hurlent les petits, paniqués.

Heureusement, leurs parents arrivent à la rescousse. Monsieur Poulpe attrape la vilaine et Madame Baleine ouvre la bouche pour n'en faire qu'une bouchée. Comprenant qu'elle n'a aucune chance, la murène s'enfuit sans demander son reste. Les petits sont sauvés… Et grâce aux deux amis, les parents sont réconciliés !

New material only REG. NO. QC-007333 Content : Polyurethane Foam	Matériaux neufs seulement N° de permis : QC-007333 Contenu : Mousse de polyuréthane

N° d'édition : 15272
Achevé d'imprimer en juillet 2015 par Macrolibros, en Espagne.
Dépôt légal : septembre 2015